Fabian Lenk

Krimigeschichten
Silbe für Silbe lesen lernen

Mit Bildern von Wilfried Gebhard
und Jan Saße

Mildenberger Verlag

Ravensburger

Bibliografische Information der Deutschen Nationalbibliothek:

Die Deutsche Nationalbibliothek verzeichnet diese Publikation
in der Deutschen Nationalbibliografie.
Detaillierte bibliografische Daten sind im Internet
über http://dnb.d-nb.de abrufbar.

1 3 5 4 2

Ravensburger Leserabe
Diese Ausgabe enthält die Bände
„Krimigeschichten zum Mitraten" von Fabian Lenk
mit Illustrationen von Wilfried Gebhard,
„Spannende Krimis zum Mitraten" von Fabian Lenk
mit Illustrationen von Jan Saße.
© 2004, 2015 für die Originalausgaben
© 2009, 2019 für die Ausgaben mit farbigem Silbentrenner

© 2022 für die vorliegende Ausgabe
Ravensburger Verlag GmbH
Postfach 2460, 88194 Ravensburg
und Mildenberger Verlag GmbH
Postfach 2020, 77610 Offenburg

Umschlagbild: Sandy Thißen
Konzept Leserätsel: Dr. Birgitta Reddig-Korn
Produktion & Satz:
Weiß-Freiburg GmbH – Grafik und Buchgestaltung
Printed in Germany
ISBN 978-3-473-46192-9

www.ravensburger.de
www.leserabe.de

Inhalt

Krimigeschichten
zum Mitraten — 7

Spannende Krimis
zum Mitraten — 49

Leserätsel — 88

Die Lösungen zu den Fragen findest du auf den Seiten 46 und 86.

Fabian Lenk

Krimigeschichten zum Mitraten

Mit Bildern von Wilfried Gebhard

Inhalt

Die falsche Fährte — 10

Der stumme Tom — 21

Das Bootsrennen — 34

Die falsche Fährte

Das war ein spannender Tag:
erst die Kanutour
und dann der Besuch
in der Tropfsteinhöhle.
Müde schlurfen Fenja und Marie
hinter Jakob her.
Jakob ist der Leiter
ihrer Pfadfindergruppe.
Er führt die Kinder zurück
zum Campingplatz.

Dort fallen Fenja und Marie
erschöpft auf ihre Schlafsäcke.
Plötzlich schreit Jakob:
„Unser Geld ist weg!"
Fenja und Marie springen auf.
Sie finden Jakob
im Gemeinschaftszelt.
Er hat eine leere Dose
in der Hand.
„Da war unser Geld drin!",
jammert er. „Ich wollte es nicht
zur Kanutour mitnehmen
und habe es
hier im Zelt versteckt."

Fenja und Marie sind sich einig:
Sie werden den Dieb finden.
Die Mädchen gehen
um das Zelt herum.
„Schau mal!", ruft Fenja
und zeigt auf einen Schlitz.
„Da hat der Täter
das Zelt aufgeschnitten."
Marie entdeckt Fußspuren.
„Mann, der Täter hat aber
Quadratlatschen!", ruft sie.

Fenja holt Papier und Stift.
Sie zeichnet den Fußabdruck ab.
„Das nennt man Spurensicherung",
erklärt sie. „Habe ich mal
im Fernsehen gesehen."
„Und jetzt?", fragt Marie.
„Wir müssen nur schauen,
wem die Schuhe gehören.
Dann haben wir den Täter!",
ruft Fenja.

Sofort suchen die Mädchen
den Zeltplatz ab.
Bald werden sie fündig.
Das Profil von Jakobs Schuhen
stimmt mit den Abdrücken
am Tatort überein!

„Aber Jakob war's nicht",
sagt Fenja.
„Er war mit uns beim Ausflug."

Sie untersucht die Schuhe.
Innen stecken Papierschnipsel
aus einer Fußballzeitung.
Marie schnippt mit den Fingern.
„Jemand hat Jakobs Schuhe
mit Papier ausgestopft,
damit sie ihm passen.
Dann ist er zum Zelt geschlichen
und hat das Geld gestohlen.
Der Verdacht sollte
auf Jakob fallen!"

Wer könnte etwas Verdächtiges
gesehen haben?
Vielleicht Frau Mahler?
Ihr gehört der Campingplatz.
Fenja und Marie gehen zu ihr.
Frau Mahler hat es sich
mit einem Modemagazin
im Liegestuhl gemütlich gemacht.
„Uns wurde etwas gestohlen",
sagen die Mädchen.
„Ist Ihnen
etwas Verdächtiges
aufgefallen?"

Frau Mahler ist entsetzt.
„Was, ein Dieb
auf meinem Zeltplatz?
Ich war einkaufen und kam erst
vor Kurzem wieder", sagt sie.
„Leider habe ich nichts gesehen."

Wer könnte noch etwas
beobachtet haben?
Vielleicht der kleine Herr Jüpner,
der im Kiosk Süßigkeiten verkauft?
„Uns wurde etwas gestohlen!",
wiederholen die Mädchen.
„Haben Sie
etwas Verdächtiges gesehen?"

„Nein", erwidert Herr Jüpner.
Kopfschüttelnd legt er
die Fußballzeitung beiseite.
„Das ist ja schrecklich.
Ohne das Geld könnt ihr ja
keine Ausflüge mehr machen."

Betrübt gehen die Mädchen zurück.
Plötzlich schlägt sich Fenja
mit der Hand gegen die Stirn.
„Was hast du?", fragt Marie.
Fenja grinst. „Ich weiß,
wer das Geld gestohlen hat!"

Frage   Wen hat Fenja in Verdacht?

Der stumme Tom

Urlaub auf dem Land,
das ist doch schön!
Finden jedenfalls Fynns Eltern.
Deshalb schicken sie Fynn
zum dicken Onkel Twister.
Onkel Twister lebt mitten
auf dem platten Land.
Die höchste Erhebung
ist eine Kuh, wenn sie aufsteht.

Onkel Twister hat
ein windschiefes Hotel.
Aber seit einiger Zeit
kommen kaum noch Gäste.
Nur die alte Frau Stratebier
hat ein Zimmer gemietet.
„Voll öde hier", jammert Fynn.
„Willst du nicht angeln?",
fragt Onkel Twister.
„Oder Rad fahren?"

„Nö!", gähnt Fynn.
„Nicht schon wieder."
Onkel Twister seufzt:
„Früher war's hier
nicht so langweilig.
Als Tom noch da war."
„Wer?", fragt Fynn.
„Der stumme Tom,
der hat hier rumgespukt",
erklärt Onkel Twister.

„Ein echtes Gespenst,
hier im Hotel?", fragt Fynn erstaunt.
„Ja", sagt Onkel Twister.
„Meine Gäste waren begeistert,
denn Tom war eine Attraktion:
Er ließ Spinnen regnen.
Oder kegelte mit seinem Kopf.
Heiliges Kanonenrohr,
hier war was los:
wie im Gruselkabinett!"

„Klingt echt spannend",
findet Fynn. „Aber wieso
kommt Tom nicht mehr?"
„Eines Tages war er einfach weg",
jammert Onkel Twister.
„Ich habe überall gesucht.
Aber keine Spur!
Und ohne Gespenst ist es
den Gästen hier zu langweilig.
Niemand kommt mehr!"
„Du brauchst einfach
eine neue Attraktion", meint Fynn.

Onkel Twister runzelt die Stirn.
Doch plötzlich leuchten
seine Augen.
In dieser Nacht
schläft Fynn erst spät ein.
Immer muss er
an den stummen Tom denken.
Kurz nach Mitternacht
weckt ihn ein grässlicher Schrei.
Fynn springt aus dem Bett.

Er rennt zur Tür.
Draußen steht Frau Stratebier.
Sie ist weiß wie Quark.
„Ein Gespenst!", stammelt sie.
Dann fällt sie in Ohnmacht.
Am nächsten Tag ist alles anders.
Gar nicht mehr öde!
Polizisten sind da
und Leute von der Zeitung –
alle wegen des Gespenstes!

Drei Tage später kommen auch
neue Hotelgäste.
Sie lieben den Nervenkitzel.
Onkel Twister hat viel zu tun.
Er hüpft von Gast zu Gast
wie ein riesiger Flummi.
„Was für ein Gespenst
das wohl ist?", grübelt Fynn.
„Na, der stumme Tom",
sagt Onkel Twister und strahlt.
„Er ist endlich zurückgekommen!"
Den will Fynn unbedingt sehen.

In der nächsten Nacht
legt er sich auf die Lauer.
Als es Mitternacht schlägt,
hört Fynn plötzlich Schritte.
Sie kommen direkt auf ihn zu!
Fynn macht sich ganz klein.
Sein Herz hämmert.

Vorsichtig späht Fynn
hinter der Truhe hervor.
Eine Gestalt schleicht
im Dunkeln an ihm vorbei.
Das muss der stumme Tom sein!
Da stolpert die Gestalt und flucht:
„Heiliges Kanonenrohr!"

Dann beginnt der Spuk:
Türen schlagen
wie von Geisterhand,
grässliche Schreie erschallen
und ein irres Lachen.
Die Hotelgäste finden
es schaurig-schön.

Am nächsten Morgen
fragt Onkel Twister:
„Hast du gut geschlafen?"
„Nö", sagt Fynn.
„War ja auch mächtig was los."
„Na ja", meint Onkel Twister.
Fynn grinst: „Tu doch nicht so!"
„Was meinst du damit?",
will Onkel Twister wissen.

„Du steckst doch
hinter dem ganzen Spuk",
flüstert Fynn. „Weil du Gäste
für dein Hotel brauchst.
Aber keine Angst,
ich verrate dich nicht.
Sonst wird's hier
ja wieder langweilig!"

Warum weiß Fynn,
dass es Onkel Twister war?

Frage

Das Bootsrennen

Mein Boot ist schnittig
und hat ein großes Segel.
Es ist so groß
wie ein Schuhkarton.
Papa und ich
haben das Boot gebaut.
Ich habe es **Wellenreiter** genannt.

Denn es schwimmt nicht
einfach so auf dem Wasser.
Es tanzt darüber hinweg.
Bestimmt werden wir heute
bei dem Bootsrennen gewinnen.
Wir stehen am Ufer des Sees.
Viele andere Kinder sind da.

Auch Marcel.
Den kann ich nicht leiden.
Marcel hat eine große Klappe.
Er ist der Größte – sagt er.
Und natürlich ist seine **Möwe**
das schnellste Boot – sagt er.
Zwanzig Boote sind am Start.

Es gibt schlanke Segler,
schiefe Kähne und dicke Pötte.
Kräftig bläst der Wind aus West,
wo der Ort Jennerhausen liegt.
Der Preisrichter ruft:
„Wessen Schiff bis morgen Abend
am weitesten fährt,
der gewinnt ein Schlauchboot!"
Jeder von uns hat einen Zettel
in sein kleines Boot gesteckt.
Darauf steht:

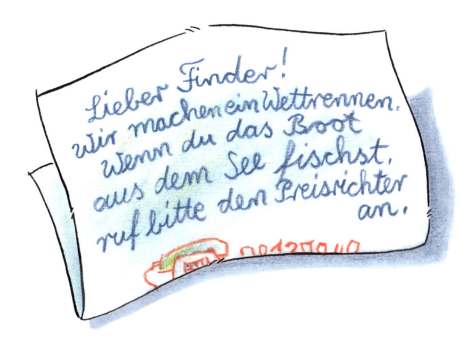

Lieber Finder!
Wir machen ein Wettrennen.
Wenn du das Boot
aus dem See fischst,
ruf bitte den Preisrichter
an.

Dann folgt die Telefonnummer.
Der Startschuss fällt!
Ich schiebe mein Boot ins Wasser.
Das Segel bläht sich.
Der Westwind treibt mein Boot
rasch Richtung Osten,
wo die Stadt Langelo liegt.

Auch die anderen Boote legen ab.
Einige kommen schnell voran,
manche langsam,
einige saufen blubbernd ab.
Alle feuern ihre Boote an.
Marcel schreit am lautesten.
Das nützt ihm aber nichts!
Mein **Wellenreiter** liegt
vor Marcels **Möwe** an erster Stelle.
Langsam werden die Boote kleiner.
Am Ufer kehrt Ruhe ein.
Ich drücke meinem **Wellenreiter**
die Daumen – ganz fest!

Marcel lacht laut und blöd:
„Das Schlauchboot gehört mir!
Wetten?"
Ich zeige ihm einen Vogel.

Am nächsten Abend
treffen sich alle wieder.
Immer noch pfeift
der Wind aus West.
Ich bin wahnsinnig aufgeregt.
Heute wird der Sieger gekürt.
Hat es mein **Wellenreiter**
geschafft?

„Nur zwei Boote
wurden gefunden",
ruft der Preisrichter feierlich.
„Auf Platz zwei
kam der **Wellenreiter!**
Er erreichte Langelo.
Das ist zwei Kilometer entfernt."
Es gibt jede Menge Beifall.
Ich bin ein wenig stolz.
Und traurig, weil mein Boot
nicht gewonnen hat.
Papa streicht mir über den Kopf.

„Auf Platz eins kam die **Möwe**",
verkündet der Preisrichter.
„Dieses Boot schwamm
bis nach Jennerhausen.
Das sind drei Kilometer!"
Jetzt gibt es noch mehr Beifall.
Marcel bekommt den Preis.
Ein nagelneues Schlauchboot!

Ich könnte platzen vor Neid.
Später sitzen Papa und ich
in einer Eisdiele.

„Der zweite Platz ist auch toll",
sagt Papa tröstend.
„Nö!", brummele ich.
„Dafür gibt's kein Schlauchboot."

Der Wind pfeift um meine Ohren.
Immer noch aus West,
dort, wo Jennerhausen liegt.
Da bin ich mir plötzlich sicher:
Etwas ist faul an Marcels Sieg.
Nur was?
Ich grüble vor mich hin.
Dann habe ich es:
Marcel hat geschummelt!

Frage) Woran habe ich gemerkt,
dass Marcel geschummelt hat?

Lösungen

Die falsche Fährte

Fenja hat den kleinen Herrn Jüpner in Verdacht. Jakobs Schuhe wurden mit Papierschnipseln aus einer Fußballzeitung ausgestopft. Und Herr Jüpner liest gerade in einer Fußballzeitung. Außerdem weiß er, dass Geld gestohlen wurde. Von Geld war aber gar nicht die Rede, sondern nur ganz allgemein von einem Diebstahl!

Der stumme Tom

Tom war doch stumm – aber die Gestalt im Hotel flucht laut: „Heiliges Kanonenrohr!" Wörter, die auch Onkel Twister verwendet!

Das Bootsrennen

Der Wind bläst beim Start und am nächsten Tag aus West. Dann kann die **Möwe** unmöglich Jennerhausen erreicht haben. Denn Jennerhausen liegt westlich vom Startplatz der Boote. Um dorthin zu gelangen, hätte die **Möwe** gegen den Wind segeln müssen.

Fabian Lenk

Spannende Krimis zum Mitraten

Mit Bildern von Jan Saße

Inhalt

Das Geheimnis
im alten Leuchtturm — 52

Der Dieb im Freibad — 66

Die Schummel-Brüder — 77

Das Geheimnis im alten Leuchtturm

Silvie und ihr Bruder Mateo schleichen durch die Nacht. Links liegt das Meer. Die Wellen kräuseln sich im Mondlicht. Groß und schwarz ragt der alte Leuchtturm neben dem Weg auf. Er wird schon lange nicht mehr genutzt.

„Dicht zusammenbleiben!",
ruft Jan.
Ihm gehört die Pension, in der
Silvie und Mateo mit ihren Eltern
den Urlaub verbringen.
Heute macht Jan
mit seinen Gästen
eine Nachtwanderung.
Plötzlich stutzt Silvie.

„Ich sehe nichts."
„Mmh", macht Silvie nur.
Gerade war das Licht noch da!
Das hätte sie schwören können!
Doch jetzt ist das Licht
verschwunden …
„Du siehst ja schon Gespenster!",
lacht Silvies Mama.
Quatsch mit Soße!, denkt Silvie.
Die nächste Nacht:
Regen trommelt, Donner grollt.
Silvie und Mateo beobachten
vom Fenster aus das Gewitter.
Ein Blitz zuckt und
erhellt den alten Leuchtturm.
Silvie stockt der Atem.
„Da, wieder ein Licht!", ruft sie.

„Stimmt!", murmelt Mateo. „Wer treibt sich dort heimlich herum?"
„Das würde ich auch gerne wissen!", haucht Silvie.
„Lass uns nachsehen!"
Mateo zögert. „Jetzt? Mitten in der Nacht?"

Seine Schwester streift sich bereits
die Jacke über. „Komm schon!"
Im prasselnden Regen
schleichen die beiden
zum alten Turm.
Die Tür ist offen,
doch niemand ist zu sehen …
Über eine rostige Treppe
gelangen Silvie und Mateo
nach oben zum Lampenhaus.

Hier schien früher
das Leuchtfeuer.
Auch die Tür
zum Lampenhaus
steht einen Spalt offen.
Die Geschwister
erstarren.
Eine Stimme ist zu
hören! „Wie kann ich
nur so dumm sein!",
murmelt die fremde
Stimme.
Silvie und Mateo spähen
durch den Spalt.
Ein Mann sucht im Schein
einer Taschenlampe
den Boden ab.

Er dreht ihnen den Rücken zu, sein Gesicht ist nicht zu sehen.
Jetzt bückt er sich und hebt einen Geldbeutel auf.
„Na endlich", seufzt der Mann. „Gut, dass ich dich wiedergefunden habe!"

Jetzt geht er zu einem Versteck
und holt ein Säckchen hervor.
Der Mann öffnet es und
lässt den Inhalt in seine Hand
rieseln.
Mateos Augen
werden groß.
Das sind glitzernde
Schmuckstücke!
Jetzt versteckt der
Unbekannte
den Schatz wieder.
Mateo zieht Silvie
hinter die Tür.
Schon stapft der unheimliche
Mann an ihnen vorbei.

„Der Typ hat den Schmuck bestimmt gestohlen", wispert Mateo. „Ihm nach!"
Sie schleichen der Gestalt hinterher und staunen: Der Mann verschwindet in ihrer Pension!

Sofort wecken Silvie und Mateo
ihre Eltern und den Wirt Jan.
Sie erzählen ihnen,
was sie beobachtet haben.
„Vorgestern wurde hier
ein Juwelier überfallen!",
ruft Jan. „Vielleicht ist der Täter
bei mir untergekrochen. Das kann
ich natürlich nicht dulden!"

Er denkt scharf nach.
„Bei mir sind derzeit nur
zwei Männer allein zu Gast:
Herr Döring und Herr Müller.
Denen wollen wir doch mal
auf den Zahn fühlen!"
Silvie und Mateo sind natürlich
dabei.

Beide Männer behaupten, nichts
mit dem Raub zu tun zu haben.
„Ich war die ganze Zeit hier",
sagt Herr Döring im linken Zimmer.
„Da müssen Sie sich einen
anderen suchen",
meint auch Herr Müller.
„Ich war gar nicht draußen,
ich habe einen Krimi geschaut."
Jan ist ratlos. „Sieht so aus,
als müsste ich die Polizei rufen …"
„Richtig", meinen Silvie und Mateo.
„Und die Polizisten sollten sich
einen der beiden Herren
mal etwas genauer vorknöpfen!"

Frage   Wen verdächtigen die beiden?

Der Dieb im Freibad

Was für ein Tag!
Es sind Ferien,
die Sonne strahlt.
Natürlich ist Marie im Freibad.
Mit ihrer Mutter sitzt sie
auf einer Decke.

Sie lösen Rätsel und spielen Karten.
Marie gewinnt ständig.
„Du hast keine Chance, Mama!",
freut sich Marie.
Später toben sie im Wasser
und schwimmen um die Wette.
Marie gewinnt wieder!
„Dafür bekommst du ein Eis!",
sagt ihre Mutter.

Wirklich ein toller Tag!
Schade, dass Maries Papa
nicht mitkommen konnte.
Er ist Polizist
und muss heute arbeiten.
Dann trifft Maries Mutter
eine gute Freundin.
Sie beginnen sich zu unterhalten.
Marie planscht lieber noch
im Wasser.

Als sie zufällig zu ihrer Decke schaut, erschrickt sie.
Ein großer Mann mit dunklen langen Haaren greift gerade in Mamas Tasche!
Der Kerl stiehlt das Handy!

Was soll Marie tun?
Um Hilfe rufen?
Aber niemand ist in der Nähe!
Auch Mama ist zu weit weg!
Was würde Papa jetzt machen?
Marie nimmt ihren
ganzen Mut zusammen
und rennt dem Dieb hinterher.
Der Täter stürmt zum Ausgang.
Er springt auf ein
dunkelblaues Fahrrad
mit einem Korb.
Marie eilt heran und erkennt,
dass der Dieb ein großes Tattoo
am rechten Unterarm hat.
Doch sein Gesicht
sieht sie leider nicht.

Der Täter radelt
mit der Beute davon.
Marie ballt die Fäuste.
So ein Mist!
Jetzt ist der Dieb entkommen!
Aber halt!
Ihr Papa hat doch heute Dienst!
Vielleicht kann er eingreifen!
Marie stürmt zu ihrer Mutter
und zum Bademeister.

Sofort rufen sie die Polizei an.
Dann wählt Marie
auch die Nummer ihres Vaters.
Sie beschreibt den Täter
so gut sie kann.
Ihr Papa verspricht,
den Dieb zu suchen
und wieder anzurufen.
Eine Viertelstunde später
ist es so weit.

„Wir haben den Täter!",
meldet Maries Vater.
„Super, wie habt ihr
ihn geschnappt?", fragt Marie.
„Wir haben sofort drei Radfahrer
in der Nähe des Freibads überprüft.
Und bei einem
wurden wir fündig!"
„Bei welchem?", will Marie wissen.
Ihr Vater lacht.

„Das sollst du selbst herausfinden.
Du rätselst doch so gern!"
„Ja!", sagt Marie.
„Also, pass auf.
Ich beschreibe dir jetzt
die drei Radfahrer.
Du sagst mir dann,
wer der Täter ist, okay?"

Begeistert ruft Marie: „Klar!"
„Also: Der erste Radfahrer ist groß,
hat dunkle, lange Haare,
ein Tattoo am linken Unterarm und
ein dunkelblaues Fahrrad
mit Korb."
Marie konzentriert sich. „Weiter!"
„Der zweite Mann – ein großer Kerl
mit langen, schwarzen Haaren,
einem Tattoo am rechten Unterarm –
fuhr ein dunkelgraues Rad
mit Korb."
Marie schließt die Augen.
Sie versucht, möglichst alle
Informationen zu speichern.
„Und dann wäre da noch der dritte
Verdächtige", fährt ihr Vater fort.
„Auch er ist ziemlich groß.

Er war mit einem dunkelblauen Rad
mit Korb unterwegs.
Seine Haare sind lang und dunkel.
Tattoos scheinen ja
schwer angesagt zu sein.
Er hat eins am rechten Unterarm.
Tja, und jetzt bist du dran, Marie!"
Marie grübelt vor sich hin.
Dann schnippt sie
mit den Fingern.
„Ich hab's!", ruft sie.

Frage Woher weiß Marie,
wer der Täter ist?

Die Schummel-Brüder

Rick kniet im Startblock.
Sein Trainer wird gleich
den Startschuss geben.
Peng!
Rick stürmt los und gewinnt!
Natürlich freut er sich!
„Das war doch nichts",
ruft jemand.

„Genau, schlapper Lauf!",
meint ein anderer.
Wütend dreht Rick sich um.
Natürlich, das konnten ja nur
die Zwillinge Tobi und Timo
gewesen sein!
Die beiden ähneln sich
wie ein Ei dem anderen.
Sie sind immer gleich angezogen.
Beide haben eine
unheimlich große Klappe.
„Macht's doch erst mal besser!",
knurrt Rick.

„Kein Problem",
tönen die Zwillinge.
„Dich hängen wir locker ab!"
Rick denkt kurz nach.
Den Großmäulern würde er es
ja gern mal zeigen!
„Morgen ist doch der Waldlauf
von meinem Verein.
Da könnt ihr beweisen,
wie schnell ihr wirklich seid!",
fordert Rick die beiden heraus.
Tobi und Timo stecken
die Köpfe zusammen.
„Ich habe keine Lust",
meint Tobi schließlich.
„Aber ich bin dabei!",
sagt Timo.

Der nächste Tag:
Im Wald wurde die Strecke
für den Lauf markiert.
Dann fällt der Startschuss,
zwanzig Kinder rennen los!
Natürlich sind auch
Rick und Timo dabei.
An erster Stelle liegt der
schnelle Philipp,
ein Freund von Rick.

Bestimmt gewinnt Philipp!,
denkt Rick. Aber Hauptsache,
ich bin schneller als Timo!
Doch noch liegt der alte Angeber
knapp vor Rick.
Die Strecke führt tief in den Wald
und wird unübersichtlich.
Es geht bergauf und bergab.
Rick gibt alles.
Seine Muskeln brennen.
Dennoch kann er nicht verhindern,
dass er Timo aus den Augen
verliert.
Plötzlich kommt Rick
an Philipp vorbei.
Sein Freund ist gestürzt.

Traurig schüttelt Philipp den Kopf:
„Ich kann leider nicht weiter!
Viel Glück! Vielleicht gewinnst
du ja! Nur Timo ist noch vor dir!"
Rick kämpft verbissen um den Sieg.
Aber er kann Timo nicht einholen.
Der Angeber gewinnt!
Im Ziel lässt sich Timo
feiern. Auch sein
Bruder Tobi ist da.
„Habe ich dir doch
gesagt, der hängt
dich locker ab!",
grinst er.
Wie üblich sind die
Zwillinge gleich
gekleidet.

Auch Tobi trägt Sportklamotten,
obwohl er gar nicht mitgemacht hat.
Plötzlich hält Rick die Luft an.
Er hat einen bösen Verdacht.
Ist Tobi vielleicht doch gelaufen?
Hat er seinen Bruder Timo
unterwegs heimlich abgelöst?
Ist jeder nur die Hälfte
der Strecke gerannt?
Hat Timo deshalb gewonnen?
Das würde Rick den beiden
glatt zutrauen!

Doch ihm fehlt der Beweis …
Jetzt kommen
die anderen Läufer an.
Schließlich humpelt auch
Philipp durchs Ziel.
Alle bedauern ihn,
weil er hingefallen ist.
„Was für ein Pech!",
meint auch Timo.

„Ich habe gar nicht mitbekommen,
dass du gestürzt bist!"
Dann folgt die Siegerehrung.
Natürlich spucken Timo und Tobi
wieder große Töne.
Rick denkt noch einmal nach.
Und plötzlich ist er sich sicher,
dass die Zwillinge
doch geschummelt haben!

Was ist Rick aufgefallen?

Frage

Lösungen

Das Geheimnis im alten Leuchtturm

Herr Müller hat gelogen. Wenn er die ganze Zeit in seinem Zimmer gewesen wäre, dann hätte sich unter seinen Schuhen keine Pfütze gebildet!

Der Dieb im Freibad

Nur beim dritten Radfahrer passt die Beschreibung genau. Bei den anderen beiden war je ein Detail falsch. (Der eine hat ein dunkelgraues Rad, der andere das Tattoo auf der falschen Seite.)

Die Schummel-Brüder
Wenn Timo tatsächlich das ganze Rennen gelaufen wäre, dann hätte er Philipps Verletzung bemerken müssen. Denn als sich Philipp verletzte, lag Timo an zweiter Stelle und hätte an Philipp vorbeikommen müssen. Doch im Ziel weiß er nichts von Philipps Pech. Also lief nicht Timo das letzte Stück bis zum Ziel, sondern sein Zwillingsbruder Tobi!

Leserätsel

Rätsel 1 **Wer bin ich?**

1. Ich habe eine Taschenlampe.

2. Ich habe Sommersprossen.

3. Ich habe eine Kapuze.

Rätsel 2 **Silben-Salat**

Bringe die Silben in die richtige Reihenfolge!

LE – NUM – FON – MER – TE

Wörter im Versteck

Rätsel 3

Insgesamt sind sechs Wörter versteckt. Kreise sie ein.

S	P	U	R	W	N
O	K	R	M	G	A
L	I	S	U	E	C
H	O	T	E	L	H
J	S	X	I	D	T
R	K	Z	E	L	T

Lösungen
Rätsel 1: Silvie, **Rätsel 2**: Telefonnummer,
Rätsel 3: Spur, Hotel, Zelt, Kiosk, Geld, Nacht

Leserabe Rabenpost

Rätsel 4 — **Rätsel für die Rabenpost**

Marie ist im
- Fitnessstudio. **N**
- Freibad. **T**

Maries Papa muss heute
- arbeiten. **T**
- abwaschen. **H**

Philipp ist Ricks
- Freund. **E**
- Feind. **L**

Die Zwillinge haben
- geschlafen. **T**
- geschummelt. **R**

Lösungswort

| | Ä | | |

Hast du das Lösungswort herausgefunden?
Dann kannst du jetzt tolle Preise gewinnen.

Gib das Lösungswort auf der -Website
ein oder schick es mit der
Post an folgende Adresse:

An den Leseraben
Rabenpost
Postfach 2007
88190 Ravensburg
Deutschland

* Wir verwenden die Daten der Einsender nur für das Gewinnspiel und nicht für weitere Zwecke. Alle weiteren Informationen zum Datenschutz und über unser Gewinnspiel findet ihr unter www.leserabe.de.

Leichter lesen lernen mit der Silbenmethode

Durch die Kennzeichnung der einzelnen Silben in Rot und Blau lernen Kinder leichter lesen. Das gelingt so:

- Die einzelnen Wörter werden in Buchstabengruppen aufgeteilt. Diese kleinen Gruppen sind leichter zu erfassen als das ganze Wort.
- Die Buchstabengruppen sind ganz besondere Einheiten: Sie zeigen die **Sprech-Silben** an, den Schlüssel, um ein Wort richtig lesen und verstehen zu können.

Zum Beispiel können bei dem Wort „Giraffe" auch die ersten drei Buchstaben „Gir" als Gruppe gelesen werden: Gir - af - fe. Das könnte dann der Name einer besonderen Affenart sein.

Mit den farbigen Silben dagegen werden sofort die richtigen Buchstabengruppen erkannt: **Giraffe**. Beim Lesen ergibt sich automatisch der richtige Sinn: Es ist das Tier mit dem langen Hals gemeint.

Dadurch lesen alle Leseanfänger leichter und besser – und auch die nicht so starken Leser können schneller Erfolge erzielen.

Die farbigen Silben helfen aber nicht nur beim Lesen, sondern auch bei der **Rechtschreibung**. Der Leseanfänger nimmt von Anfang an die Silbengliederung der Wörter wahr – und kann so die richtige Schreibweise ableiten.

Die original Mildenberger Silbenmethode wird seit über einem Jahrzehnt an vielen Grundschulen unterrichtet und führt bei Kindern nachweislich zu schnellerem Leseerfolg.

Weitere Informationen zur Silbenmethode auf:
www.silbenmethode.de

Leichter lesen lernen mit der Silbenmethode

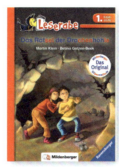

ISBN 978-3-473-**38573**-7*
ISBN 978-3-619-**14440**-2**

ISBN 978-3-473-**38563**-8*
ISBN 978-3-619-**14473**-0**

ISBN 978-3-473-**38576**-8*
ISBN 978-3-619-**14442**-6**

ISBN 978-3-473-**38552**-2*
ISBN 978-3-619-**14443**-3**

ISBN 978-3-473-**38544**-7*
ISBN 978-3-619-**14355**-9**

ISBN 978-3-473-**38095**-4*
ISBN 978-3-619-**14448**-8**

ISBN 978-3-473-**38553**-9*
ISBN 978-3-619-**14447**-1**

ISBN 978-3-473-**38572**-0*
ISBN 978-3-619-**14445**-7**

ISBN 978-3-473-**38570**-6*
ISBN 978-3-619-**14483**-9**

ISBN 978-3-473-**38565**-2*
ISBN 978-3-619-**14480**-8**

** **Gebundene Ausgabe** bei Mildenberger   * **Broschierte Ausgabe** bei Ravensburger

Lesen lernen wie im Flug!

In drei Stufen vom Lesestarter zum Leseprofi

Vor-Lesestufe
Ab Vorschule

ISBN 978-3-473-46022-9

ISBN 978-3-473-46023-6

ISBN 978-3-473-46024-3

1. Lesestufe
Ab 1. Klasse

ISBN 978-3-473-46025-0

ISBN 978-3-473-46026-7

ISBN 978-3-473-46027-4

2. Lesestufe
Ab 2. Klasse

ISBN 978-3-473-46028-1

ISBN 978-3-473-46029-8

ISBN 978-3-473-46066-3